AF320901

VEDICA

PAR M. V. HENRY

1re SÉRIE

1. Púraṃdhi
2. Násatyā
3. Kanīnakéva
4. Saptáçīrṣáṇam

(Extrait des *Mémoires de la Société de linguistique de Paris*, tome IX)

PARIS

IMPRIMERIE NATIONALE

ÉMILE BOUILLON, ÉDITEUR, RUE RICHELIEU, 67

M DCCC XCVI

VEDICA

PAR M. V. HENRY

1re SÉRIE

1. Púraṃdhi
2. Nāsatyā
3. Kanīnakéva
4. Saptáçīrṣáṇam

(Extrait des Mémoires de la Société de linguistique de Paris, tome IX)

PARIS

IMPRIMERIE NATIONALE

ÉMILE BOUILLON, ÉDITEUR, RUE RICHELIEU, 67

M DCCC XCVI

VEDICA.

1. *Púraṃdhi.*

Le nom et l'interprétation de cette énigmatique entité divine
a déjà piqué tant de curiosités, inspiré tant de savantes et ingé-
nieuses recherches, qu'il peut sembler oiseux et quelque peu
ridicule d'y consacrer une nouvelle étude : les résultats obtenus
jusqu'à présent sont entre les mains de tous les védisants, et
d'excellents juges s'en déclarent satisfaits [1] ; si l'on ne partage
point leur avis, reste-t-il du moins l'espérance de trouver une
solution meilleure et de les en convaincre? Je le crois, pour ma
part, mais à condition de sortir si résolument des voies battues,
qu'on encoure le reproche de paradoxe et de bizarrerie. Je ne
compte pas y échapper; je demande seulement à mes confrères
de suivre ma longue argumentation, sinon avec le désir d'être
persuadés, du moins avec la sympathie que mérite toute tenta-
tive sincère.

Au double point de vue étymologique et naturaliste, la seule
explication aujourd'hui admise se heurte à quatre objections
fondamentales : 1° en fait d'autorités anciennes, elle n'invoque
que l'autorité du texte pada, qui coupe *púraṃ-dhi*, et l'on con-
viendra que c'est peu pour nous éclairer; 2° cette analyse exi-
gerait impérieusement l'accentuation *puraṃdhí*, dont il n'y a
point de trace; 3° elle n'aboutit qu'assez péniblement au sens de
« plénitude, abondance, générosité, bénédiction », que l'on y
attache; 4° ce sens lui-même enfin, admissible en tant que ré-
sultat d'une évolution postérieure, offre le grave inconvénient de
transporter une entité morale et vague dans la période du natu-
ralisme primitif. Cette dernière raison, je le sais, ne touchera
guère qu'une minorité, puisque l'école mythique est en défaveur;
mais peut-être la suite montrera-t-elle qu'on aurait tort de la
dédaigner dans le cas présent.

Ce qui demeure acquis, en tout cas, c'est qu'une recherche
dirigée dans ce sens peut braver les critiques mêmes des traditio-

---

[1] Bloomfield, *Contrib.*, V, p. 19; Oldenberg, *Die R.ligion des Veda*, p. 63
et 180.

nalistes, même de ceux qui pensent qu'il faut expliquer tout le passé de l'Inde par son présent, et professent, ou peu s'en faut, qu'un sectateur des Védas ne se trouverait pas déplacé dans une pagode contemporaine; car ici la tradition n'a rien à nous apprendre, par l'unique et bonne raison qu'elle ne sait rien de plus que nous, rien que ne nous apprenne la simple lecture des textes védiques. La Puraṃdhi est une puissance bienfaisante: c'est probablement tout ce qu'en ont su les poètes et les prêtres qui l'ont nommée, invoquée et célébrée, et nous en serions réduits à la même ignorance s'ils ne nous avaient conservé quelques fragments de formules antiques dont il faut essayer de pénétrer le sens incompris d'eux.

Je débute par une constatation générale: le nom de *púraṃdhi* revient quarante-sept fois dans le R. V., pas une dans l'A. V., sauf en deux passages empruntés au R. V. Le contraste est trop frappant pour n'être pas significatif: la fréquence du mot dans la langue du livre qui est le rituel du sôma, son absence complète dans un recueil védique étranger à ce culte, doivent faire soupçonner une indubitable connexion entre la Déesse Puraṃdhi et le Dieu Sôma. Disons tout de suite quel est ce rapport, oublié des rédacteurs mêmes du Véda: la *púraṃdhi* est primitivement la prison et le réservoir du sôma céleste, le réceptacle de la pluie, bref « la citadelle aveugle » (*pŭr andhá*), la nuée noire qui tour à tour dérobe et épanche à l'homme ses trésors.

On verra plus loin que, de toute la phraséologie incolore où se noie la personnalité de Puraṃdhi, les seuls passages caractéristiques qui surnagent sont précisément ceux qui la mettent en relation avec ce fameux rapt de Sôma où récemment M. Bloomfield a dégagé, avec une si rigoureuse netteté, le mythe de l'éclair apportant la pluie. Étayons tout d'abord la base chancelante de notre édifice étymologique.

*
* *

La locution *pŭr andhá* est hautement possible, mais elle n'est que possible, on ne la lit nulle part, et sûrement les Indous, s'ils ont jamais pensé que *púraṃdhi* fût la nuée, auront interprété son nom par « le réservoir de la plénitude ». Cette ressource, encore une fois, nous échappe: il n'y a pas de mot *pŭr* « plénitude »; y en eût-il un, le composé serait **pūr-dhí*, car la formation par le premier terme à l'accusatif est sans exemple avec *-dhí*, et le mot serait oxyton; sans compter ce qu'aurait de flottant et d'abstrait cette désignation d'un objet concret. Mais, que cette fausse étymologie ait pu influer d'une manière indirecte sur les altérations qui ont atteint le mot, c'est ce que je suis loin de nier; bien au contraire, je pense qu'il ne faut négliger aucun des adjuvants qui sont susceptibles d'expliquer une transformation à première vue aussi étrange : de *pŭr andhắ* ou *pŭr andhí* « forteresse obscure », les Indous ont tiré d'autant plus aisément *púraṃdhi* qu'ils ont vu dans ce dernier terme « le réservoir de la plénitude ».

On s'est défait en théorie, mais on ne se départ point aussi facilement dans la pratique, de l'illusion ancestrale qui voyait dans le sanscrit une sorte d'algèbre dérivative, rigoureuse et impeccable, et qui le traitait en conséquence, ramenant chaque mot à une racine suivant une norme fixée une fois pour toutes. Il faut s'habituer à penser que, si le védique — je ne dis pas le classique — a été incontestablement une langue vivante, s'il a été parlé par des lèvres humaines et pensé par des cerveaux humains, il ne saurait plus qu'aucun autre idiome avoir échappé aux confusions, aux lapsus, aux erreurs d'étymologie populaire et de fausse analogie, aux formules toutes faites, qui partout ont sévi.

Je pars donc d'une formule *pŭr andhắ*, où, bien entendu, l'*n* n'a pas d'autre valeur phonétique ni même, dans certains systèmes, d'autre expression graphique que l'*ṃ* de *púraṃdhi*. C'est là sans doute la moindre des difficultés; car l'écriture est toute récente, et, du jour où le mot fut analysé *púraṃ-dhi*, la graphie par l'anusvâra s'imposa. Quant à l'expression « citadelle sombre », si le Véda ne nous en offre pas la lettre, au moins fourmille-t-il de métaphores analogues pour désigner le séjour mystérieux, « caverne close, cachette recluse, gouffre sans fond, citadelles crues (?), citadelles noires » (R. V., IV, 16, 13), etc. : la juxtaposition est d'excellent sanscrit; l'adjectif, étant de détermination et non de simple ornement, devait suivre le substantif, tout comme dans *áhir budhnyàḥ* ou *populus Romanus;* et enfin une formule semblable, pour désigner le réservoir du sôma céleste, se conçoit d'autant mieux qu'elle prêtait au raffinement par calembour et pouvait à la rigueur s'entendre comme *pŭr ándhasaḥ* « la citadelle de la plante » ou « du suc végétal ».

Je ne pense donc pas que mon postulat ait rien d'excessif : si le mot *púraṃdhi* n'est tombé du ciel avec l'objet qu'il représente, il est aussi légitime d'en chercher l'origine dans la liaison de deux mots que dans la composition mal venue d'un thème avec un cas.

* *
*

Toute la question se réduit à savoir s'il y a une voie pour passer de l'un des termes à l'autre : de *pŭr andhắ*, locution à deux accents, ou l'*ŭ* est long, où la finale est *ắ*, dont enfin le génitif serait *puró andháyāḥ*, et ainsi de suite, à *púraṃdhi*, mot à un seul accent invariable, où l'*ú* est bref, la finale *i*, et dont le génitif enfin est *púraṃdheḥ* ou *púraṃdhyāḥ*. Au premier abord, rien ne semble plus forcé; et pourtant, si l'on considère que le vocatif primitif de la locution *púr andhá* ne peut être que **púr andhe*, avec *ú* bref et un seul accent, tout s'aplanit d'un seul coup; car *púrandhe*, à son tour, prononcé d'ensemble et envisagé désormais comme un mot dont l'accent unique constitue l'unité, sera pris fort légitimement pour le vocatif d'un mot dont le nominatif est *púraṃdhiḥ*, et il n'en faut pas davantage pour appeler à la vie ce nominatif et subsidiairement toute la flexion qu'il commande.

En grec, le type μητίετα a eu la vertu, on le sait, non pas seulement de développer une flexion, mais de la remplacer tout entière, et ce n'est là qu'un exemple entre cent de l'influence exercée sur les noms ou les épithètes des êtres divins par l'habitude où l'on était de les prononcer au vocatif beaucoup plus souvent qu'aux autres cas. Ce point n'est pas contesté; et, bien qu'on ne lise pas, que je sache [1], la locution εὐρύοπα Ζεῦ au vocatif, nul presque ne doute que le nominatif εὐρύοπα Ζεύς n'en procède. On ne voit donc pas pourquoi il serait nécessaire de lire le vocatif *púraṃdhe* dans un texte védique, avant d'oser affirmer qu'il existât et fût usité : fort antérieures aux chants sacrés furent les simples invocations, aux hymnes composés les litanies rudimentaires, et l'on a pu, dans une de ces litanies pour la pluie, prononcer à satiété le vocatif **púr andhe*, tout comme tels autres, *áhe budhnya, ájaikapāt.* etc., dont les textes n'offrent pas la moindre trace. On verra plus loin une application différente de la même prémisse, et il n'est que licite de faire remonter l'emploi d'aussi simples et courtes formules jusqu'à la phase linguistique et religieuse de l'indo-éranisme.

Nombre de ces mots factices, figés dans leur immobilité vocative, ont pu cesser d'être pleinement entendus [2] : en proférant le cri *púrandhe*, on ne savait plus au juste de quoi l'on parlait; mais on se souvenait vaguement qu'il était question d'un réservoir de trésors. De là le sens général d'abondance qu'on attribua à l'entité divine née d'une confusion grammaticale. Quant à la forme de son nom, l'analogie eût pu tout aussi bien amener **púrandhā*. Mais il faut songer qu'un autre nominatif de la forme correcte et complète était *púr andhí*, non moins régulier que *púr*

---

[1] Sauf seulement Π. 241 (contre vingt-deux emplois au nominatif ou à l'accusatif); car *Hymn.* XXIII, 4, ne saurait compter.

[2] Quel est, par exemple, le sens du vocatif *adhrigo* dans la formule Ait. Br. II, 7, 11, où il ne se construit pas même grammaticalement avec le verbe qu'il semble commander?

andhá, et que dès lors le thème altéré *púraṃdhi-* apparaît comme une sorte de compromis entre les deux nominatifs normaux. Et surtout il faut faire la part très large à l'influence de la fausse étymologie *púraṃ-dhi*, qui a naturellement amené à la finale le vocalisme de *ni-dhí*, *pari-dhí*, *garbha-dhí*, etc., tous mots dont l'accentuation oxytonique révèle à première vue l'origine différente.

Il reste à voir si les textes ne s'opposent pas à l'admission du sens de «forteresse sombre, prison», ou si même tel ou tel d'entre eux n'en aurait point gardé quelque précieux vestige.

*
* *

Dans toute discussion d'un mot aussi commun et devenu aussi banal que *púraṃdhi*, il y a nécessairement une énorme majorité de passages à éliminer comme ne décidant ni pour ni contre. En saine statistique ces cas sont à déduire de l'ensemble; mais encore en faut-il faire le décompte. Je présenterai donc ainsi qu'il suit, et par ordre d'importance, le classement brut des emplois de *púraṃdhi*.

I. Le mot est au pluriel et il est impossible d'y voir rien de plus précis que le sens «abondances, prospérités, bénédictions», ce dernier se rapprochant, si l'on veut, mais par un détour, de celui de Bergaigne, qui voyait dans Puraṃdhi une incarnation de la prière céleste[1] : I, 123, 6; 158, 2; IV, 22, 10; 50, 11; VII, 64, 5; 67, 5; 97, 9, — en tout sept emplois aussi peu caractérisés que possible.

II. Le mot est au singulier, et l'on peut hésiter entre le sens de «abondance», en général et celui de la divinité Puraṃdhi, mais naturellement nous n'en apprenons pas davantage sur la nature intime de celle-ci : I, 5, 3; 134, 3; III, 62, 11; V, 35, 8; VII, 32, 20; VIII, 92, 15; X, 65, 13 et 14. — en tout huit cas, dans plusieurs desquels Puraṃdhi, en tant que divinité au moins vaguement conçue, semble plutôt probable, mais mieux vaut ne pas insister.

III. Puraṃdhi est sûrement nom propre, ainsi qu'il appert de son intervention au milieu d'une énumération d'autres divinités (Bhaga, Aṃça, Indra, Agni, Savitar, etc.), mais il n'en ressort aucune lumière sur sa personnalité : II, 1, 3; 38, 10;

---

[1] Interprétation que je ne crois pas avoir à discuter: si je parviens à établir mon sens de «caverne céleste», j'aurai par là même fait le départ de ce que les vues de Bergaigne avaient soit d'exact, soit de préconçu.

V, 42, 5; VI, 21, 9; 49, 14[1]; VII, 35, 2; 36, 8; X, 64, 7; 85, 36, — neuf cas.

IV. Il y faut joindre ceux où *púraṃdhi* a pu être prise pour une épithète du Dieu qu'elle accompagne (spécialement Pûṣan), mais où un examen plus attentif y doit faire reconnaître un nom propre et une divinité distincte[2] : I, 181, 9; II, 31, 4, — deux cas absolument similaires, dans l'un desquels les Açvins sont comparés à Pûṣan et Puraṃdhi, tandis que dans l'autre ils sont énumérés tous ensemble.

V. Il conviendrait peut-être de compter à l'actif de notre hypothèse les emplois de la *púraṃdhi* en tant qu'associée au Dieu Sôma : VIII, 69, 1; IX, 97, 36; 110, 3; X, 112, 5. Mais, comme ici elle ne paraît pas avoir avec lui un lien plus étroit qu'avec les autres divinités ci-dessus mentionnées, il sera plus prudent et plus loyal de ranger ces quatre cas parmi les passages incolores, qui ressortent ainsi au total de trente et un sur quarante-sept emplois dans le R. V.[3].

*
* *

Reste à seize passages plus ou moins significatifs et utilisables.

VI. Une fois, mais une seule fois (III, 61, 1), Puraṃdhi est visiblement l'Aurore. Je n'en tirerai point argument en ma faveur, mais je pense qu'on ne s'en prévaudra pas contre moi : la « forteresse » peut aussi bien épancher la lumière que tout autre trésor; et, au pis aller, on conçoit fort bien que le nom d'une divinité féminine et dispensatrice ait été transporté par métaphore à l'Aurore.

VII. Le caractère de « forteresse » commence à se dessiner. Les *púraṃdhis* ont des carquois (*iṣudhyávaḥ*, V, 41, 6) : pourquoi cette épithète, évidemment traditionnelle et imcomprise du poète, sinon parce qu'elles sont pourvues d'armes de jet, qui ne sont autres, on va le voir, que la flèche de Kṛçânu ou l'éclair? Je sais bien qu'on traduit cet ἅπαξ par « zélées, désireuses », et le malheur veut que ce faux sens s'appuie sur le voisinage de *pátnis*. Mais, en admettant que le rédacteur même l'ait entendu ainsi, c'est une étrange façon de comprendre le Véda que de s'appliquer à ef-

---

[1] A noter qu'ici elle est associée à Ahi Budhnya.

[2] Il va de soi que mon interprétation n'admet, pas plus que celle de Bergaigne, la supposition, arbitraire, inutile et contredite par l'immense majorité des emplois, d'un *púraṃdhi* adjectif.

[3] Je dis 31, en y joignant X, 39, 2; également sans valeur, bien que figurant dans le même morceau que X, 39, 7 *infra.*

facer et à éteindre tout ce qui peut encore émerger d'images et
de représentations vivantes dans son inerte formulaire. Ailleurs,
quand nous voyons les Açvins « lâcher la Puraṃdhi » (I, 180, 6),
nous pourrions, sans doute, la prendre pour la prisonnière;
mais, lorsqu'ils la brisent (I, 116, 7), et malgré la métonymie
védique connue « fendre les vaches hors du rocher », il y a beaucoup de chances pour qu'elle soit la prison, une prison bénigne
au surplus et qui ne demande qu'à s'ouvrir.

VIII. Ce dernier vers, en effet, va nous permettre d'en interpréter trois autres, où il est également question des exploits des
Açvins. Que ceux-ci aient pressuré le sóma pour Puraṃdhi (X,
39, 7), c'est un renseignement unique et par conséquent sus-
pect; mais *yuvám súṣutiṃ cakrathuḥ púraṃdhaye* peut parfaitement
s'interpréter par « à Puraṃdhi » en ce sens que ce serait elle qui
aurait fourni les éléments du pressurage, et dès lors s'accorde
sans peine, soit avec ce que nous savons des Açvins, déités plu-
vieuses, soit avec ce que nous supposons de Puraṃdhi. Cette
súṣuti, elle l'a fournie de son plein gré, car elle a appelé les Açvins au passage (I, 116, 13; 117, 19), apparemment comme la
vache appelle son veau pour qu'il la débarrasse du lait qui lui
pèse (I, 164, 28). Ces concepts, encore une fois, étaient perdus
pour le rédacteur des hymnes, qui semble simplement confondre
Puraṃdhi dans la foule anonyme et bigarrée des protégés des
Açvins; ce n'est que par le rapprochement patient des débris
conservés qu'on peut reconstituer la mosaïque ignorée de lui-
même dont il a utilisé çà et là un fragment déparcillé.

IX. La liaison entre la Puraṃdhi et le Sôma est évidente,
mais le rapport qui les unit manque de clarté. Il est tout à fait
indirect : VII, 9, 6; 39, 4; X, 80, 1; encore le dernier passage
est-il le seul d'où l'on puisse nettement inférer qu'Agni a pro-
curé aux hommes la Puraṃdhi, comme l'aigle qui est Agni leur
a apporté le sôma. Il se précise un peu : IV, 34, 2, où Puraṃdhi
accompagne les sucs enivrants; IX, 93, 4, où, à propos de Pa-
vamâna, on invite Puraṃdhi à « se laisser charrier de bon gré »;
et surtout IX, 90, 3, où l'on prie Sôma de se clarifier « vers les
deux puraṃdhis contiguës »; quoi que dissimule cette métaphore
isolée, — peut-être simplement les deux cuves ou les pierres du
pressoir, — il est impossible de ne pas la rapporter à une antique
conception de la puraṃdhi comme réservoir à sôma. Je ne dis
pas, encore une fois, que le poète se comprît parfaitement.

X. Restent enfin trois passages décisifs : non que le vieil au-
teur, sans doute, les entendît davantage; mais le personnage de
Puraṃdhi lui était fourni par la tradition comme figurant dans

le récit de l'enlèvement de Sôma; il l'y a donc fait entrer, mais
à l'état d'accessoire si vague que son intervention a jusqu'à présent exercé, lassé ou mis en défaut la patience de tous les com-
mentateurs indigènes ou orientaux. Tout s'explique au mieux si
la Puraṃdhi [1] est la prison du Sôma : en forçant l'une, l'aigle
enlève l'autre; ou bien, dans une variante du conte, il les enlève
tous deux à la fois. IV, 26, 7 : « L'aigle prit et emporta Sôma...
et alors Puraṃdhi quitta » (ou « trahit) les démons avares [qui
la gardaient]... ». De même IV, 27, 2 : « ..... Là-haut [2] Puraṃdhi quitta les démons avares, et [l'aigle] traversa les vents
avec vigueur. » Et enfin, ib. 3 : « ... ou quand ils eurent em-
porté de là Puraṃdhi... ». On peut spéculer à l'infini sur ces
trois passages corroborés par les trois précédents, je ne crois pas
qu'on trouve rien de plus clair : la Puraṃdhi est la *púr andhắ*,
qui emprisonnait le Sôma; puissance sombre à l'origine, elle est
devenue de ce jour puissance bienfaisante et tutélaire, d'autant
qu'elle est souvent censée s'être prêtée au rapt, ou même, dans
une certaine version, avoir invité les Açvins à ouvrir ses flancs.

En récapitulant, je trouve, sur les seize passages significatifs,
un seul qui semblerait contredire mon hypothèse, neuf qui, plus
ou moins sollicités, y rentrent sans difficulté et en tout cas ne
s'y opposent point, trois qui la confirment, et trois enfin qui,
avec tout le bon vouloir et le talent du monde, ne semblent pas
pouvoir s'expliquer autrement [3].

* *

J'ai prévu au début l'objection sous laquelle on pensera m'é-
craser, j'y reviens avant de conclure; elle saute si bien aux yeux
qu'elle est constante et inévitable — combien de fois ne l'ai-je
pas déjà essuyée! — mais recèle en même temps une si flagrante
antinomie qu'on s'étonne de la voir acceptée par d'autres que les
adorateurs serviles du sacrosaint « document » : c'est qu'on ne lit
nulle part ni *púr andhe*, ni surtout *púr andhắ*, Hé sans doute!

---

[1] Car, d'inventer pour ce cas unique un Puraṃdhi masculin, c'est, je pense,
un caprice d'exégète qui a fait son temps.

[2] Le sens de *ūrmắ* n'est pas sûr, mais ce n'est qu'un adverbe.

[3] Peut-être cette certitude ne ressort-elle pas assez de mon argumentation
parce que j'ai cru devoir m'abstenir d'analyser par le menu un hymne déjà si
souvent traduit et interprété. Mais je prie le lecteur de s'y reporter, et de juger
lui-même si la façon dont Puraṃdhi est mentionnée au milieu de détails précis,
topiques, éblouissants de folk-lore, s'accorde avec la traduction par une vague
entité d'abondance. Qu'il considère aussi que les citadelles (*púras*) qui enferment
Sôma sont expressément nommées, et tout juste dans les deux morceaux qui
contiennent les trois passages caractéristiques : IV, 26, 3; IV, 27, 1.

Mais si on les lisait, le problème serait résolu depuis longtemps, ou plutôt il n'y aurait jamais eu de problème.

Je conclus donc : le mot *púraṃdhi* est une altération — j'ai expliqué par quelle filière — d'une locution plus ancienne et perdue *pŭr andhá* « citadelle aveugle, prison obscure », qui désignait la cachette du sôma, ou le nuage enfermant la pluie.

2. *Nàsatyà*.

On sait que ce terme, aussi obscur que connu, est susceptible de deux emplois distincts : au duel, dans les Védas, il désigne les Açvins; le singulier, dans la littérature postérieure, est le nom propre du second, tandis que le premier s'appelle Dasra. Encore que les Védas n'offrent aucune trace du singulier, il existait sûrement aux temps védiques dans la littérature populaire sous-jacente, tout au moins dans le folk-lore d'où plus tard sont sortis les Purânas; il n'en faut pour preuve que le nom du démon avestique Naoṅhaithyo, qui reporte cette individualité ambiguë jusqu'à la phase indo-éranienne.

Après examen de toutes les étymologies proposées pour ce mot, — *ná asatyá* « non menteurs » (Grassmann), — *nàsa-tyá* « nasuti » (Bergaigne), — *ná-satyá* « véridiques » formé comme *ná-vedas* « instruit de » (Colinet), — je pense qu'il faut en revenir résolument à la première [1], mais en la modifiant suivant les exigences de la morphologie sanscrite ou même indo-éranienne. Il est bien clair, en effet, qu'il ne saurait s'agir d'un véritable composé *ná-asatyá*, puisque *ná* est une particule négative et jamais un élément de composition. Il ne l'est pas moins qu'une simple juxtaposition *ná asatyá* aurait pu se contracter, mais eût gardé deux accents. C'est donc à la phraséologie primitive qu'il nous faut demander compte, soit de l'accent unique, soit de la création du nom propre Nàsatya au singulier.

Toute difficulté disparaît, si l'on admet, comme plus haut, une invocation sanscrite ou présanscrite adressée aux Açvins, *dásrā ná asatyá* « ô miraculeux et non trompeurs » [2], parce qu'ici, de même que l'accent de *dasrá* remonte, la locution vocative totale *ná asatyā* se prononce sous un seul accent, suivant une loi constante et familière. De cette formule une fois fixée, les Indiens

---

[1] Elle n'avait d'ailleurs jamais cessé de se recommander, à raison de la scansion tétrasyllabique *nàsatyā*, moins fréquente peut-être que ne le croit Grassmann, mais du moins incontestable.

[2] Cette invocation n'est pas pure phraséologie; elle a un sens clair pour tout védisant : elle signifie que les Açvins font des miracles, et que leurs miracles ne sont pas de vains prestiges, comme ceux des sorciers inspirés par les démons.

et les Éraniens, ou même les Indo-Éraniens tirèrent, par deux voies différentes, les noms propres qui nous occupent.

1° Étant donné l'ensemble *dásrā-násatyā*, dont le premier terme *dásrā* restait toujours significatif et intelligible, on en isola le second terme *násatyā*, qui, avec son accentuation vocative, fut transféré de toutes pièces en fonction de nominatif[1]. Ainsi les Açvins furent dénommés au duel *násatyā*.

2° D'autre part, le juxtaposé *dásrā násatyā*, étant faussement analysé comme *mítrā-váruṇā* ou tout autre copulatif, donna l'illusion de deux personnages distincts dont l'un se serait nommé Dasra et l'autre Nâsatya. Ainsi s'opéra le dédoublement en deux noms propres de deux épithètes autrefois communes. Que subsidiairement un dieu tutélaire des Védas soit un démon de l'Avesta, c'est un fait trop banal pour s'y arrêter.

3. *kanīnakéva* (R. V., IV, 32, 23).

Dans cette stance qui appartient à un hymne de facture visiblement moderne, les deux chevaux bruns d'Indra — en tant que bondissant au devant de son char — paraissent être comparés à deux cariatides qui font saillie sur une poutre, une imposte ou un chambranle (*drupadé*). Mais cette interprétation, qui encore n'aboutit qu'à une comparaison irrégulière, — deux mâles assimilés à deux femmes, — ne va point sans une violente torture infligée au texte : il faut, d'abord, lire *kanīnaké iva*, qui fausserait le vers, à moins d'y substituer la très douteuse scansion *kanīnaké va* (Grassmann), au lieu de la lecture irréprochable du texte pada *kanīnakā-iva* «comme une jeune fille»; puis il faut supposer que *vidradhé* (Grassmann) ou *arbhaké* (Ludwig) ou tous deux sont des épithètes de ce *kanīnaké* restitué, et conséquemment les mettre au nominatif féminin duel, alors que le texte pada, qui épelle avec scrupule *babhrū íti* et *çobhete íti*, reste muet sur *vidradhé* et *arbhaké*, impliquant par là que ce sont des locatifs (msc. nt.) du singulier au même titre que *drupadé*. Et, au prix de tant d'efforts, on n'obtient enfin qu'une image où la bizarrerie le dispute à la platitude, «comme deux jeunes filles nues sur un petit poteau neuf», ou «comme deux petites poupées sur une grosse poutre neuve, les deux chevaux bais resplendissent dans leurs courses[2]».

Je reprends un à un les termes de la comparaison, avant de passer à *kanīnakéva*. L'expression *náve drupadé arbhaké*, exactement

---

[1] Il va de soi qu'il n'en pouvait être de même pour *dásrā*, puisque les autres cas de *dasrá* assuraient l'oxyton.

[2] La stance n'est pas visée, que je sache, dans la *Syntaxe des Comparaisons Védiques* de Bergaigne; je ne sais donc ce qu'il en pensait.

«sur une petite pièce de bois neuve», ne me semble pas devoir
faire difficulté ; nous ne sommes pas assez au courant des pro-
cédés d'ornementation de l'Inde védique pour pouvoir affirmer,
avec M. Ludwig, qu'elle exécutait ses motifs sur de grosses pou-
tres plutôt que sur de simples poutrelles; et, au surplus, de
«petites» cariatides sur une grosse poutre feraient beaucoup plus
mauvais effet que «des figures» sans épithète sur une petite.
Ainsi *arbhaké* reste locatif. Quant à *vidradhé*, il est beaucoup moins
clair, et l'honnête Sāyaṇa n'y sait soupçonner qu'un **vidradhe*
«affermi» qui lui-même serait un barbarisme pour *vidṛdhe*. Je
croirais volontiers que Grassmann a touché juste dans sa divina-
tion, *vidradhá* «sans vêtement», par le rapprochement de *drádhas* nt. à défaut d'un **dradhá* jusqu'ici introuvable. Peut-être
même, autant qu'il est licite en traitant d'un ἅπαξ, réussirait-on
à serrer de plus près le sens de ce mot : dans le seul passage où
il figure (T. S., III, 2, 2, 2), il est question des «deux *drádhas*
réunis par un cordon» — c'est du moins le sens le plus probable
de *sá-táti* = **sa-tánti*, autrement inintelligible; — et cette des-
cription ne saurait mieux convenir qu'à la pièce de devant et à la
pièce de dos d'un vêtement dont les deux parties se rattacheraient
le long du cou ou des épaules. Bref, le *drádhas* serait une sorte
de pectoral, et le composé *vi-dradhá* équivaudrait à «la poitrine
nue»; comme, d'autre part, nous répugnons à en faire un duel
féminin contrairement à l'autorité du texte pada, rien ne nous
empêche d'y voir un adjectif neutre pris substantivement et de le
traduire par le locatif singulier, soit «en état de nudité de poitrine».

A ceux qu'intimiderait cette dernière série de conjectures un
peu en l'air, il suffit de faire observer qu'elle n'est qu'accessoire
et que notre déduction ultérieure peut s'en passer : on n'a qu'à
suivre la tradition, qui fait manifestement de *vidradhé* une épithète de *drupadé*, entendre cette épithète conformément à la tradition, ou même ne point l'entendre du tout si on le préfère[1]. Il
n'importe. L'essentiel et ce qui demeure, c'est qu'on n'a ni le
droit ni aucun motif de supposer un duel féminin dans *vidradhé*,
et que dès lors disparaît tout prétexte à en chercher un dans
kanīnakéva.

Revenus à ce terme, traduisons-le, lui aussi, en conformité
rigoureuse du texte pada, et nous obtenons : «Comme une statue
de femme, la poitrine nue, sur une petite poutre neuve, les deux
bruns resplendissent...» A la terne rédaction de tout à l'heure

---

[1] Et, en effet, il peut être impliqué, sans que le poète ait besoin de le pré-
ciser, que la statue d'une femme a les seins nus; le tableau suggéré plus bas
devient moins net, mais ne change pas.

se substitue une image pittoresque doublée d'une réticence piquante : on voit saillir des veines du bois « les deux bruns resplendissants »; en un mot, les deux chevaux bais d'Indra sont comparés, non pas à deux statues, mais implicitement aux deux seins que la statue découvre et semble projeter d'un élan fougueux, et enfin — car la grammaire ne perd jamais ses droits — peut-être n'est-il pas indifférent de mettre ainsi mentalement en parallèle avec un objet comparé masculin un terme de comparaison masculin (*stánau*).

4. *saptáçirṣāṇam* (R. V., III, 5, 5).

Le temps est passé d'exagérer la valeur littéraire des Védas; mais on tombe dans l'excès contraire : la platitude, on vient de le voir, ne gît souvent que dans notre indigence de compréhension; le verbiage aussi, et j'espère le montrer. Là où semble couler un flux pâteux de métaphores traditionnelles et incohérentes, se succédant sans aucun lien de pensée ni de composition, on découvrira la marque de l'œuvre d'art, souvent sobre et distinguée, si l'on ne se laisse pas tromper à l'apparence jusqu'à prendre pour un ornement banal le détail précis, topique et même pittoresque. Bergaigne nous en a donné un curieux exemple, dans sa traduction antithétique de R. V., II, 35, 4 c d, où il relève et oppose l'une à l'autre les deux expressions *asmé* et *apsú* [1]; j'en voudrais indiquer un autre, moins remarquable, quoique sans doute plus sûr, qui lui a échappé.

On lit, R. V., III, 5, 5 c d :

> *pắti nắbhā saptáçírṣāṇam agníḥ*
> *pắti devắnām upamắdam ṛṣváḥ* ‖

Traduits littéralement, mais sans qu'aucun d'eux soit mis en relief, ces mots ne laissent pas de fournir un sens : « Agni garde sur son nombril celui qui a sept têtes; le haut garde le festin des Dieux. » On aura beau toutefois s'ingénier : ce ne sont que des mots, moins encore, un cliquetis de sons; on n'en tirera jamais une conception, je ne dis pas positive, mais seulement quelque peu intelligible [2].

Considérons-les avec plus d'attention : voici que se détachent en vigueur, sur ce fond de phraséologie conventionnelle, les deux expressions *nắbhā* et *ṛṣváḥ*, en tant que formant un contraste voulu et significatif, l'une synonyme de « sur terre », l'autre de

---

[1] Bergaigne-Henry, *Man. Véd.*, p. 97; *Quarante hymnes du Rig-Véda*, p. 66-67 = *Mém. Soc. ling.*, VIII, p. 356-357.

[2] Cf. Bergaigne-Henry, *Man. Véd.*, p. 60; *Quarante hymnes du Rig-Véda*, p. 8 = *Mém. Soc. ling.*, VIII, p. 8.

« au ciel ». Et alors tout s'éclaire : nous obtenons, par voie d'allégorie ou, si l'on veut, d'énigme antithétique, la glorification des deux principes lumineux qui constituent les deux grandes incarnations d'Agni.

c. Sur le « nombril », c'est-à-dire plus précisément dans la cavité de l'autel où l'on allume le feu, — dans l'*uttaravedinābhi*, c'est le terme technique, — Agni garde « celui qui a sept têtes », et qui n'est autre que le feu terrestre lui-même, avec ses « sept » pointes de flammes, nombre hiératique et d'usage courant, quelle que soit d'ailleurs la métaphore dont il s'accompagne[1]. En tel autre passage, par exemple (R. V. I, 164, 1 d = A. V. IX, 9, 1 d), Agni est un chef de clan qui a « sept » fils, et ainsi de suite.

d. Lorsqu'il est « sublime », au ciel par conséquent, Agni garde « le festin des Dieux », le plat d'or où on le leur sert, le calice d'or du sacrifice divin, — se rappeler le saint Graal[2], — tout ce qui enfin peut symboliser, dans la conception primitive, la splendeur du disque solaire. Il est clair, que, dans la conception plus spécialement indoue, le festin des Dieux serait bien plutôt la lune assimilée au Sôma; mais, justement, rien ne nous oblige à croire que le Véda ne renferme que des concepts indous[3], ni non plus, malgré l'autorité de M. Hillebrandt, que Whitney et M. Oldenberg ont déjà déclinée sur ce point, à reporter aux temps védiques l'identification absolue du Dieu-Lune et du Dieu-Sôma.

Ainsi notre verset revient à exprimer, pour la millième fois, mais sous une forme à la fois poétique et élégamment concise, une vérité qui nous est familière : Agni, sur terre, c'est le feu; au ciel, le soleil.

Paris, 15 avril 1895.

[1] Les deux autres emplois du *saptáçīrṣan* (R. V. VIII, 51, 4; X, 67, 1) sont la banalité même et ne décident rien.

[2] A. V. X, 8 (hymne tout entier en énigmes solaires), le soleil est voilé sous l'allégorie de l'urne (14) et de la coupe renversée (9).

[3] Quoi qu'en pensent MM. Pischel et Geldner, *Ved. Stud.*, I, p. xxix; cf. *Rev. crit.*, XXIX (1890), p. 81.